글을 쓴 조경숙 선생님은 숙명여자대학교에서 국문학을 전공하였습니다. 월간 샘터의 '엄마가 쓴 동화상'과 '계몽아동문학상', '동쪽나라 아동문학상'을 수상하였습니다.
지은 책으로 『만길이의 봄』, 『나는야, 늦은 5학년』, 『굳게 다짐합니다』, 『공을 차라, 공찬희!』, 『천문대 골목의 비밀』, 『거울 속에 누구요?』 등이 있습니다.

그림을 그린 이경국 선생님은 홍익대학교에서 가구 디자인을 전공하고, 같은 대학원에서 사진 디자인을 공부했습니다. 2008년에 볼로냐 국제아동도서전에서 올해의 일러스트레이터로 선정되었습니다. 그린 책으로 『누굴 닮았나?』, 『보고 싶었어』, 『쓰레기가 쌓이고 쌓이면』, 『사람과 세상을 잇는 다리』, 『검은 눈물, 석유』 등이 있습니다.

걸작의 탄생 6
비디오아트의 선구, 백남준의 TV부처
ⓒ 조경숙, 이경국, 2014

펴낸날 1판 1쇄 2014년 11월 26일 1판 6쇄 2021년 2월 18일
글 조경숙 | 그림 이경국
펴낸이 문상수 | 펴낸곳 국민서관㈜ | 출판등록 제406-1997-000003호
주소 (10881) 경기도 파주시 광인사길 63 국민서관㈜
전화 070)4330-7866 | 팩스 070)4850-9062
홈페이지 http://www.kmbooks.com | 카페 http://cafe.naver.com/kmbooks
페이스북 http://www.facebook.com/kookminbooks
ISBN 978-89-11-12399-5 74810 / 978-89-11-12446-6(세트) 값 12,000원

* 잘못된 책은 구입하신 곳에서 바꿔 드립니다.
* 이 책의 일부를 재사용하려면 반드시 국민서관㈜의 동의를 얻어야 합니다.

「이 도서의 국립중앙도서관 출판예정도서목록(CIP)은 서지정보유통지원시스템 홈페이지(http://seoji.nl.go.kr)와
국가자료공동목록시스템(http://www.nl.go.kr/kolisnet)에서 이용하실 수 있습니다. (CIP제어번호: CIP2014031508)」

여섯
걸작의 탄생

비디오아트의 선구,
백남준의 TV부처

조경숙 글 | 이경국 그림

국민서관

뭐? 20세기 발명품 중 최고를 꼽는 대회를 한다고?
그렇다면 내가 빠질 수 있나?
1등이야 당연히 나, TV지!

"TV 이놈, 굉장한데?"
백남준이 중얼거렸어요.
"그걸 이제 알았어? 나를 싫어하는 사람은 없어. 모두가 나만 바라보고 있지."
TV가 으스댔어요.
"그래! 내가 찾던 게 바로 이 TV야!"

백남준은 TV로 예술 작품을 만들어야겠다고 생각했어요.
그 후로 돈만 생기면 TV를 사들이기 시작했지요.

"이 TV란 놈을 내 마음대로 다스릴 수 있을 때까지
다른 건 아무것도 하지 않겠어!"
백남준은 앉으나 서나, 밥을 먹을 때나, 잠을 잘 때조차도
TV에 대해서만 생각했어요.

그리고 드디어 TV를 마음먹은 대로 쓸 수 있게 되었어요.
캔버스에 그림을 그리듯 TV로 예술 작품을 만들 수 있게 된 거예요.

백남준은 1963년, 개인전 〈음악의 전시:전자 텔레비전〉에서 최초로 비디오아트 작품들을 선보였어요.

그는 관객들에게 TV로 움직이는 영상을 보여 주고, 소리도 들려주었어요.

"이건 새로운 게 아니야!
이전에도 TV를 전시한 예술가들이 있었거든."
사람들은 수군거렸어요.

"아니야. 이건 그런 것들과는 완전히 달라.
이 TV를 봐. 화면에 끊임없이 이미지가 뜨잖아.
이렇게 이미지를 만들어 낸 TV는 여태껏 없었어.
이거야말로 비디오아트의 시작인 거야!"

백남준이 뉴욕 보니노 화랑에서 네 번째 개인전을 가질 때였어요.
미리 전시장을 둘러보던 백남준이 천장을 올려다보았어요.
그때 번쩍하고 좋은 생각이 떠올랐어요.
'천장에 물고기들이 헤엄치는 영상을 튼 TV를 가득 매달고 불을 끄는 거야!
그러면 천장은 깊은 바다가 되고 TV들은 물고기처럼 보이겠지?
마치 하늘에 물고기가 날아다니는 것 같을 거야. 이른바 〈TV물고기〉인 거지!'

〈TV물고기〉는 TV가 아주 많아야 했어요.
천장 전체에 TV를 달아 놓아야 하니까 말이에요.
그런데 백남준에게는 원하는 만큼의 TV를 살 돈이 없었어요.

'더 이상 TV를 구할 돈이 없다니!
이제 전시장을 무엇으로 채워 넣지?'
백남준은 고민에 빠졌어요.

시간이 흘러 전시 날짜가 코앞으로 다가왔어요.
그러나 백남준은 여전히 막막하기만 했어요.

하릴없이 거리를 헤매던 백남준이 갑자기 허둥지둥 작업실로 돌아왔어요.
"그게 어디 있더라? 오래전에 아주 헐값으로 산 게 있는데."
그는 작업실 구석에서 찾던 것을 발견했어요.
"이걸로 전시장을 메워야겠군."
그것은 바로 부처상이었어요.

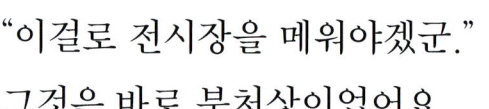

백남준은 전시장으로 부처상을 가져갔어요.
전시장에는 TV와 비디오카메라, 부처상만이 덩그렇게 놓였어요.

백남준은 TV와 부처상을 전시할 방법을 궁리했어요.
'TV 모니터를 이쪽에 놓을까?
아니, 부처상을 여기 놓을까?'

이리저리 자리를 잡던 백남준은
TV 모니터를 부처상에 맞추었어요.
화면에 부처의 모습이 나오게 조종했지요.
그리고 한 발짝 뒤로 물러난 백남준은 깜짝 놀랐어요.

"바로 이거야! TV를 보는 부처라니!"
부처는 자신의 모습이 나오는 TV를 보고 있었어요.

TV가 으쓱거리며 말했어요.
"나로 말할 것 같으면 20세기 과학기술의 대표작이죠.
나는 못하는 게 없어요.
날씨도 미리 알 수 있고,
지구 저 끝에 있는 나라 소식도 꿰뚫고 있지요.
요리도 척척 만들고 춤, 노래도 문제없다니까요?"

부처가 점잖게 대꾸했어요.
"나는 마음을 중요시하는 동양의 정신세계를 대표한다고들 하더군."

TV는 이상하게도 부처 앞에서는 더 이상 으스댈 수가 없었어요.
'현대 사람들에게 필요한 깨달음을 주시는 분이로군!'

부처도 TV를 찬찬히 살펴보았지요.
'영상 문화는 참 매력적이지.

전시회에 온 사람들이 술렁거렸어요.
"부처가 명상을 하는 걸까? TV를 보고 있는 걸까?"
"이건 서양과 동양의 만남을 말하는 거야."
"과학기술과 정신세계를 붙여 놓은 거야!"

〈TV부처〉는 단번에 사람들의 눈을 사로잡았어요.
또 많은 비평가들로부터 걸작이라는 평가를 받았어요.

그 후로 백남준은 여러 차례 〈TV부처〉를 다시 만들었어요.
돌무더기 속의 부처와 흙더미 속의 부처 등 다양한 형태로요.
백남준은 직접 승복을 입고 부처 자리에 올라가기도 하고,
사람들에게 자기처럼 해 보라고 부추기기도 했어요.

백남준은 〈TV로댕〉도 만들었어요.
바로 로댕의 〈생각하는 사람〉을
부처의 자리에 둔 거예요.
동양의 정신을 '부처'로 표현한 것처럼,
서양의 정신을 '생각하는 사람'으로
표현한 거지요.

많은 예술가들은 생각지 않게 시작한 작품으로 걸작을 낳기도 해요.
〈TV부처〉가 바로 그런 경우지요.
만약 백남준에게 TV를 살 충분한 돈이 있었더라면
〈TV부처〉는 세상에 태어나지 않았을지도 몰라요.

사람들은 이렇게 말하곤 했어요.
"미래에는 기술이 인간을 지배하게 될 거야!"
"동서양은 절대로 서로 소통하지 못할걸?"
하지만 백남준의 생각은 달랐어요.
그는 TV와 부처가 서로 연결되고 통한 것처럼
인간과 기계, 동양과 서양도 그래야 한다고 믿었어요.

새로운 것에 대한 끊임없는 호기심과 탐구,
그리고 인간에 대한 깊은 애정은
백남준으로 하여금 비디오아트를 시작하게 했고
그를 위대한 예술가로 만들었어요!

백남준
(1932.7.20. ~ 2006.1.29.)

미술사에서는 클로드 모네(인상주의)나 마르셀 뒤샹(다다이즘)처럼 새로운 영역을 만들어 낸 작가들이 있어요. 백남준도 그들처럼 미술에 새로운 세계를 연 사람이에요. 그는 이전의 예술가들이 무관심하게 여기던 TV와 비디오를 예술의 영역으로 끌어들여 '비디오아트'라는 새로운 장르를 만들었어요. 백남준은 브라운관이 캔버스를 대신할 것이라고 했어요. TV 모니터는 화가의 캔버스와 같고, 화가들이 물감을 붓에 묻혀 캔버스에 표현하는 작업은 영상 기술이 대신한다는 것이지요. 백남준은 과학과 예술의 결합을 만들어 낸 거예요.

백남준을 왜 비디오아트의 창시자라고 할까?

1960년대 이후 세계는 TV를 비롯한 미디어의 영향을 많이 받기 시작했어요. 예술가들도 TV를 예술에 이용하기 시작했지요. 그러나 백남준 이전에 TV를 사용한 사람들은 TV를 그 자체로 이용하는 데 그쳤어요. 백남준은 1963년, 개인전 〈음악의 전시:전자 텔레비전〉에서 처음으로 TV를 조작해 예술적인 이미지를 만들어 냄으로써 '비디오아트'라는 새로운 예술의 영역을 개척했답니다.

비디오아트란 무엇일까?

'비디오아트'는 비디오를 표현 수단으로 하는 영상 예술을 말해요. 1960년대 이후 영상과 소리를 녹화하고 재생할 수 있는 장치가 생기고, 상업용 TV 모니터로 영상을 보여 줄 수 있게 되면서 널리 퍼지게 되었어요. 백남준과 같은 초기의 작가들은 TV 세트로 작품을 만들었어요. TV 그 자체가 조각품의 모양이면서 각각의 TV에는 실험적인 화면이 나오게 했지요. 1990년대 이후 발전한 디지털 기술은 비디오아트의 가능성을 더욱 넓혀 주었어요.